AF509916

POVR LES VNIVERSITEZ
DE FRANCE,

jointes en cause pendante au Conseil,

Contre les IESVITES *demandeurs en cassation d'Arrest du Parlement de Thoulouse, par lequel defences leur sont faictes de prendre le nom, tiltre & qualité d'Vniuersité, & de bailler aucun degré en aucune Faculté, ny nomination aux Benefices.*

ES VNIVERSITEZ ont tousiours eu ceste faueur de nos Rois, qu'elles ont esté receuës à demander IVSTICE à leurs Majestez, non seulement pour leurs causes particulieres; mais aussi pour les causes concernants l'Estat public du Royaume. Les Histoires & Actes publics en font foy pleniere; mesmes il se veoit aux registres du Parlement de Paris que le Roy CHARLES VII. voulant restablir & confirmer les droits & loix fondamentales de ce Royaume, & à

ceste fin ayant assemblé plusieurs grands Seigneurs de son Conseil, furent oüis tant son
Procureur general que l'Vniuersité de Paris,
& sur ce qu'ils representerent furent faictes
plusieurs bonnes Ordonnances, que sa Majesté iura & feit iurer à tous ses Officiers & Conseil de garder inuiolablement.

Il est notoire à tout le monde que nostre
Roy ne cede à aucun de ses Predecesseurs en
volonté de rendre, sans acceptation de personnes, à l'imitation de DIEV, par la grace duquel il regne, la Iustice à ses subiets; en resolution de conseruer son authorité Royale; en
courage pour maintenir son Estat & tous les
corps, dont il est composé, contre toute sorte
d'entreprises.

C'est pourquoy les Vniuersitez, pressees
par vne extreme necessité de se defendre contre l'aggression, voire mesme oppression, que
les Iesuites, non encore contents des desola-
tions & ruines qu'ils leur ont cy-deuant pro-
curees, entreprennent maintenant de leur
faire souffrir, en voulant s'attribuer & leur
Tiltre & leurs Droicts, (leur tiltre en faisant
autant d'Vniuersitez qu'ils ont de Colleges de
leur Societé, leurs Droicts en baillant les degrez aux Estudians, mesmes à ceux à qui les
Docteurs des Vniuersitez les auront refusez,
comme s'ils estoient leurs Superieurs) espe-

rent que le Roy n'aura def-agreable que leurs
Deputez les defendent.

Et fe defendant qu'en la prefence de fa Maiefté & de Noffeigneurs de fon Confeil, ils ne
fouftiennent pas feulement l'Arreft donné à
leur profit, par l'vn des plus celebres Parlements de fon Royaume, fçauoir eft le Parlement de Thouloufe, duquel les Iefuites ofent
demander la caffation en abufant de la faueur
que fa Majefté leur faict d'en auoir vn d'entre
eux pour fon Confeffeur: Faueur finguliere,
laquelle iufqu'à prefent ils n'ont receuë ny
d'aucun de Nos Saincts Peres, ny de Roy
d'Efpagne.

Mais auffi facent veoir & prouuent par
Actes authentiques, & mefmes par les propres pieces des Iefuites, que la demande, que
les Iefuites font à prefent, & le deffein qu'ils
ont de long temps, d'attribuer à chacun de
leurs Colleges, le tiltre, & les droits d'Vniuerfité, font contraires & preiudicient à *l'authorité* du Roy; à la *Iuftice* ordinaire de fa Majefté;
à la *dignité* & au pouuoir de Meffieurs les Cardinaux, Archeuefques & Euefques; aux *Regles
& profeſsions* dès autres Religieux; à la *Ieu-
neſſe* eftudiant foubs eux; à *ceux* qui entrent en
leur Societé; au *bien* des Villes qui les reçoiuent; à la *perfection* des Sciences; à *l'antiquité*
& aux commandemens de l'Eglife; à la *refolu-*

tion prise par le Clergé de France assembléen 1561. à Poissy; aux *Lettres patentes* qu'ils ont obtenuës pour leur establissement, des Roys Henry II. François II. Charles IX. Henry III. & à *celles* qu'ils ont euës pour leur restablissement, du feu Roy Henry le Grand, & de nostre Roy regnant à present; comme aussi aux *Arrests* d'homologation & enregistrement d'icelles, lesquels eux-mesmes ont poursuiuis és Cours de Parlement de ce Royaume.

A L'AVTHORITE' DV ROY;

a Bulla cui titulus, Conseruatoria, facultas Conseruatores Iudices assumendi in quibuscunque causis. pag. 122. *In quibuscumque causis, tam Ciuilibus quam Criminalibus ac mixtis, etiam in eis in quibus sunt actores, vel conuenti rei forent, ipsis contra quascumque Communitates & Collegia, &c. assumere Conseruatores & Iudices ordinarios indulsit, &c. super terris, locis, domibus, & Iuribus, necnon fructibus, censibus, reditibus, ac quibuscumque alys*

En ce qu'ils veulent *a* pour leurs pretenduës Vniuersitez choisir & creer des Iuges Conseruateurs, qui iugent toute sorte de cause, tant ciuiles que criminelles & mixtes; mesmes celles esquelles ils seront demandeurs pour leurs droicts, terres & maisons, fruicts, cens & reuenus, & tous aultres biens meubles &

bonis mobilibus & immobilibus, spiritualibus et temporalibus.
a Constitut. parte 4. cap. 11. pag. 158. *Conueniat Iustitiæ ordinariæ, siue sæcularis, siue Ecclesiasticæ; ministros circa punitionem Scholasticorum, voluntatem Rectoris Vniuersitatis sibi significatam exequi.*

immeubles, spirituels & temporels : & que a les Iuges qu'ils auront receus facent la iustice selon la volonté du Recteur de leur Vniuersité. Il n'appartient qu'au Roy de choisir & creer des Iuges: Encores ne leur

dit-il pas, qu'ils facent la Iustice selon sa volonté, mais selon les Loix, la raison & l'equité.

A L'AVTHORITÉ DV ROY;

b Bulla confirmat. Instituti pag. 8. *Retenta penes Præpositum omnimoda gubernatione, seu superintendentia super dicta Collegia, et prædictos studentes, &c. statutorum ordinationem, atque aliam omnimodam gubernationem, regimen ac curam.*

En ce que par leur b Institut inseré & rapporté en la Bulle qu'ils ont obtenuë en 1540. de N. S. P. Paul III. ils retiennent pour leur General; (qui depuis leur venuë iusques à present n'a esté qu'E-

stranger, Espagnol, ou nay en terre assubiettie à l'Espagne) toute sorte de gouuernement & authorité souueraine sur les Estudiants en leurs colleges, sur leurs colleges, & sur tous ceux de leur Societé, pour tousiours luy

a Ibid.pag.7. *par ere fem-*
per teneantur, & in illo
Chriftum *veluti præfen-*
tem *agnofcant.*

b Conftitut.parte 5.cap.3.
pag.187. *Promitto tibi Pa-*
tri reuerendo Præpofito Ge-
nerali Societatis Iefu, locum DEI tenenti, *obedien-*
tiam.

c Conftitut.parte 6. cap.
1.pag.194. *Nec folum in re-*
bus obligatoriis, fed etiam
in aliis, licet nihil aliud
quam fignum *voluntatis*
Superioris, fine vllo expref-
fo præcepto, videretur.

d Ibid.pag.196. *Quidquid*
nobis iniunctum fuerit
obeundo, omnia iufta effe
nobis perfuadendo, omnem
fententiam ac iudicium cô-
trarium, coeca *quadam*
obedientia *abnegando.*

e Ibid. *fe ferri ac regi finere*
debent perinde ac fi cada-
uer *effent.*

& iugement contraire,
& manier tout ainfi

a obeyr & le reco-
gnoiftre comme no-
ftre Seigneur IESVS-
CHRIST, prefent en
luy.

Et en *b* leur vœu
promettent à leur Ge-
neral en qualité de te-
nant le lieu de DIEV,
obeiffance, non feu-
lement *c* pour les
chofes obligatoires,
mais auffi pour les
autres, bien que rien
autre chofe ne leur
apparoiffe, que le figne
de la volôté de leur Ge-
neral, fans aucun ex-
prés commandement;
En faifant en toutes
d chofes tout ce qui
aura efté par luy com-
mandé, en fe perfua-
dant toutes chofes
eftre iuftes, en renon-
çant par vne obeïffan-
ce aueugle à tout aduis
en *e* fe laiffant porter
que s'ils eftoient vn

corps mort. Et veu-
lent que *a* nul particu-
lier directement, ou in-
directement sans la
permission & appro-
bation de leur Gene-
ral, ne demande ou ne
face demander à N. S.
P. le Pape, ny à aultre
qui soit hors de la So-
cieté, grace aucune
pour soy ou pour au-
tre: Et qu'il croye que
si ce qu'il desire, n'est
par luy obtenu de son
General, ou auec son
contentemēt, il ne luy
peut conuenir, non pas mesme pour le seruice
diuin; Au côtraire que s'il luy côuient, du con-
sentement de son General, qui luy tient lieu de
N. S. Iesvs-Ch. il l'obtiendra. Et que ce qui est
b dit de Colleges, doit
estre entendu dit d'V-
niuersitez de la So-
cieté. De sorte que s'ils
obtiennent ce qu'ils
demandent à present, on ne dira plus l'Vniuersité Royale de Paris, mais l'Vniuersité
de la Societé, & ainsi des autres Vniuersi-

a Ibid. pag. 197. & 198.
Nec priuatus quispiam, di-
recte vel indirecte, sine eius
facultate & approbatione,
à Svmmo Pontifice,
nec ab alio extra Societa-
tem, gratiam vllam in suum
priuatum, vel alterius vsum
petat, aut petendam curet:
sibique persuadeat, si per
superiorem suum, vel cum
eius consensu, quod optat,
non obtinuerit, ne id quidem
ad diuinum seruitium sibi
conuenire: & si conuenit,
cum Superioris consensu, vt
qui Christi Domini no-
stri locum erga ipsum tenet,
id se consequuturum.

b Constitut. parte 9. cap.
3. pag. 277. *Et quod de Col-*
legiis dicitur, de Vniuersi-
tatibus Societatis dictum
intelligatur.

tez de ce Royaume, & le Roy n'y aura l'authorité, mais leur General.

Souſtiennent auſſi que leur General, combien qu'il communique pouuoir aux autres Inferieurs, Prouinciaux, Viſitateurs ou Commiſſaires, toutesfois il pourra approuuer, ou caſſer & reſcinder ce qu'ils auront faict, & en toutes choſes ordonner ce que bon luy ſemblera, & touſiours luy faut obeïr & le reuerer comme celuy qui eſt Vicaire de noſtre Seigneur IESVS-CHRIST.

c Ibid. pag. 284. *Ei quamuis aliis inferioribus Præpoſitis vel Viſitatoribus, vel Commiſſariis ſuam facultatem communicet, potorit tamen approbare vel reſcindere quod illi fecerint, et in omnibus quod videbitur conſtituere: & ſemper ei obedientiam ac reuerentiam (vt qui Chriſti vices gerit) præſtati oporet.*

A L'AVTHORITE' DV ROY,

En ce *a* qu'ils ont vn Sindic general qui donne aduis à leur General, tant des perſonnes que des choſes que bon luy ſemble: Et *b* leur General à quatre Aſſiſtants, l'vn pour les affaires de

a Conſtit. parte 4. ca. 17. pag. 176. *Erit Syndicus vnus generalis, qui tam de perſonis, quam de rebus, de quibus videbitur, Generalem admoneat.*

b Conſtitut. parte 9. cap. 6. pag. 297. & 298. *Aſſiſtentes nunc quidem quatuor erunt: vnus, rerum*

France & d'Allemagne, l'autre d'Italie & & Sicile, l'autre d'Espagne & Portugal, l'autre des Indes: & a generalement pour faire toutes choses, à vn Procureur general de la Societé, & se fait enuoyer par chacun an vn catalogue *b* de toutes les Maisons & Colleges de la Societé auec leurs reuenus, & vne aultre de toutes les personnes qui sont en chacune Prouince.

Indicarum inspiciendarum; alter, Hispaniæ & Portugalliæ; & alius Germaniæ & Galliæ; & alius, Italiæ et Siciliæ.

a Ibid. pag. 300. *Et generatim ad res omnes agendas, multum conferet, imo necessarium est vnius* Procuratoris generalis *Societatis auxilium.*

b Ibid. pag. 294. *Catalogum vnum omnium* Domorum & Collegiorum So*cietatis* cum suis reditibus; *et alterum* personarum omnium quæ in quauis Prouincia versantur.

Peut estre quelqu'vn dira que pourtant ils ne se meslent des affaires d'Estat : Mais, s'il ayme tant soit peu la verité, laquelle D i e v veut qu'vn chascun aime si on veut estre sauué, il se retractera quand il aura consideré que ceux de ceste Societé par chacun an, font escrire & imprimer en leur College à Rome, (afin qu'à present elles ne soient veués que par eux & leurs confidents) des Lettres Annales de tout ce qui est faict tant en temps de Paix qu'en temps de Guerre, en France, Italie, Espagne, & autres Royaumes & Estats, ou ils ont des maisons & colleges, *a* selon que veulent les Assistants de leur General; & qu'en celles de l'annee.1589. entre aultres, il est escrit; *b* Nous parlerons des affaires particulieres & de la Paix; en suite, des publiques & de la Guerre: Et en insultant sur la mort de nostre Roy Henry III. & sur l'affliction qu'en auoient ses seruiteurs & ceux qui le suiuoient, ils disent *c* qu'il est mort le mesme iour que par son Edict ils estoient chassez de Bourdeaux, & estoient enuoyez à S. Machaire pour estre tous tuez, si luy seul n'eust esté tué, & que quand sa mort a esté rapportee, les esprits de leurs ennemis en ont esté affligez. Com-

a Annuæ literæ Societatis Iesu, anni 1589.ed. Romæ in collegio Societatis Iesu 1591.in Præfat.ad Patres & Fratres eiusdem Societatis. *Sic quoque seruio, iudiciis Patrum Assistentium, qui cum multa malint explicari paucis, quam pauca dilatari multis, simul circumscriptam tradunt materiam.*

b Earumd. literar. tit. Collegium Parisiense. *Bipartita erit rerum narratio: ante priuatas & veluti Pacis: deinde publicas & Belli quam breuissime persequemur.*

c Earumd. literar. tit. Collegium Burdigalense. *Quo* die nos *Regis edicto Burdigala pellebamur,* eo die *Rex ipse, qui edixerat,* è vita *depulsus est. At nos compingebamur ad Sancti Machary, vt simul opprimeremur* omnes (*seu hoc suspicio multorũ seu fama tulit) nisi antea* oppressus ille vnus *fuisset. Hoc porro nuntiatum cum esset, affli-*

me auſſi quand il aura *xit quidem* animos aduer-
veu qu'en la predica- *ſariorum.*
tion de Deza, qui faict l'vne des trois Predi-
cations ſur la beatification d'Ignace Loyola,
leſquelles François Solier l'vn de cette Societé a faict imprimer à Poictiers chez Anthoine
Meſnier en 1611. & dediees à dame Françoiſe
de Foix Abbeſſe de l'Abbaye de Noſtre dame
hors les murs de Saintes, pag. 172. il eſt eſcrit;
Cet ordre eſt-ia diuiſé en trente trois belles & gran-
des Prouinces : habite trois cens cinquante &
ſix, *que Maiſons que Colleges; & compte iuſques*
à preſent en iceux plus de dix mille cinq cent &
quatre-vingt *Religieux, ſi prudents* au gouuernement *qu'il ſe trouue parmy leurs freres lais* des
perſonnes *qui pourroient faire la* leçon aux
Chanceliers de Grenade *& Valladolid , voire*
au Conſeil d'Eſtat *de noſtre Roy.*

En ce auſſi qu'ils veulent qu'en leurs pretenduës Vniuerſitez, il y
ait vn *b* Secretaire de   *b* Conſtitut. parte 4. cap.
la Société, qui ait vn   17. pag. 174. & 175. *Sit Se-*
liure , dans lequel   *cretarius ex Societate, qui*
ſoient eſcrits les noms   *Librum habeat, vbi om-*
de tous ceux qui vont   *nium Scholaſticorum , qui*
en leurs Colleges ; &   *Scholas aſſidue frequen-*
qui tire d'eux promeſ-   *tant, nomina ſcribantur:*
ſe d'obeir à leur Re-   *quique eorum promiſſionem*
cteur, & obſeruer leurs   *de Obedientia Rectori præ-*
   ſtanda et conſtitutionibus

obseruandis (quas ipsemet proponet) admittat.

a In declaratione eiusd. cap. pag. 175. *Quod cura magis particularis Scholasticorum, quorum nomina scripta in* Libro Vniuersitatis *sunt, haberi solet.*

Constitutions, & que si quelques vns sont refusans de donner leurs noms & ainsi s'immatriculer & enrooler, qu'il leur represente *a* que l'on a soin plus particulier des Estudiãts, desquels les noms sont escrits dans le liure de l'Vniuersité. A parler proprement & sans feinte, que peut on dire estre ce que dessus, sinon enrooler, errer & retenir des hommes, pour vn estranger, comme iusques auiourd'huy a tousiours esté le General de ceste Societé? Cela peut-il estre faict en ce Royaume sans contrarier & preiudicier infiniment à l'authorité de nostre Roy. Nul ne peut seruir deux diuers Seigneurs, ny recognoistre comme subiect & vassal, l'vn & l'autre. Nostre Roy ne peut estre recogneu & serui auec vn General, aux termes cy rapportez : non plus que N. S. Pere le Pape en qualité de Vicaire de Nostre Seigneur Iesus-Christ, (comme les Vniuersitez auec l'Eglise Catholique, Apostolique & Romaine, le recognoissent) & vn General en qualité de tenant le lieu de DIEV & Vicaire de nostre Seigneur Iesus - Christ. Pourquoy couurir, s'ils disent comme ils ont de couſtume, qu'ils voüent à ſa Sainċteté, obeiſſance particuliere, l'on reſpond qu'ils ſuppriment ce qui eſt porté par leurs Conſtitutions, que c'eſt *a* pour les Miſſions ſeulemēt, deſquelles encores ils attribuent toute direction & puiſſance à leur General. *b* Et quand meſme *c* quelqu'vn d'entre les Profez de ceſte Societé eſt faiċt Prelat ou Curé de quelque Egliſe, il demeure touſiours obligé par le vœu qu'il a faiċt au General de la Societé, de ſorte qu'il ne peut refuſer de faire ce qu'il luy aura dit ou faiċt dire par quelque autre de la Societé.

a Conſtitut. parte 5. cap. 3. pag. 188. *Promitto ſpecialem obedientiam ſummo Pontifici circa Miſſiones.*

Ibid. in Declaratione *Tota intentio quarti huius voti obediendi ſummo Pontifici, fuit & eſt circa Miſſiones: & ſic intelligi oportet literas Apoſtolicas, vbi de hac obedientia loquuntur; In omnibus quæ iuſſerit ſummus Pontifex, & quocumque miſerit.*

b Conſtitut. parte 9. cap. 3. pag. 280. *Idem Generalis in Miſſionibus omnem habebit poteſtatem.*

c Formula votorum ſimplicium, quæ Profeſſi emittunt, poſt Profeſſionem, iuxta Conſtitutiones; extracta ex prima Congregatione Generali, tit. 6. D. 23. & recognita, tertia, Decr. 70. *Inſuper promitto, ſi quando acciderit, vt hac ratione in Præſidem alicuius Eccleſiæ promouear: pro cura quam de animæ meæ ſalute, ac recta muneris mihi impoſiti adminiſtratione gerere debeo, me eo loco, ac numero habiturum Præpoſitum Societatis Generalem, vt nunquam conſilium audire detrectem,*

14 POVR LES VNIVERSITEZ

quod vel ipse per se, vel quiuis alius de Societate, quem ad id ipse sibi substituerit, dare mihi dignabitur, Consiliis vero huiusmodi ita me pariturum semper esse promitto, si ea meliora esse, quam quæ mihi in mentem venerint, iudicabo. Omnia intelligendo *iuxta Societatis IESV Constitutiones & Declarationes.*

A LA IVSTICE ORDINAIRE
de sa Maiesté;

a Constitut. parte 6. cap. 3. pag. 211. *Nemo ex Professis, vel Coadiutoribus, vel etiam Scholasticis, Societatis, in causis Ciuilibus, nedum Criminalibus, se examinari sine licentia Superioris permittat. Superior autem eam minime dabit, nisi in causis quæ ad religionem Catholicam pertinent.*

que le Superieur ne la caufes qui concernent la

En ce que personne à de leurs Colleges & Maisons, soit Profez, soit Coadiuteur, soit Escholier, pour causes Ciuiles, encore moins pour causes Criminelles, ne se doit laisser interroger, sans permission du Superieur : & doit donner, sinon és Religion Catholique.

A LA DIGNITE' ET AV POV.
uoir de Messieurs les Cardinaux, Archeuesques & Euesques;

b Bulla conseruatoria pag. 127. *Sicque per quoscnmq.*

En ce qu'ils leur *b* ostent pouuoir &

authorité de iuger aultremét qu'il n'est porté par la Bulle qu'ils disent auoir obtenuë pour choisir des Iuges Côseruateurs en toutes causes Ciuiles & Criminelles:& les astraignent *a* de iuger & definir selon leur Institut & Constitutiôs, par la Bulle qu'ils rapportent de N. S. P. Gregoire XIII. de l'an 1584. qui porte *b* excommunication maieure & peine d'inha-

Iudices et Commissarios, & causarum palatij Apostolici ac S. R. Ecclesiæ Cardinales, sublata eis, & eorum cuilibet quauis *aliter Iudicandi & interpretandi facultate & auctoritate, iudicari & definiri debere.*

a Bulla de noua Instituti confirmatione pag. 242. *Sicque in præmissis omnib. & singulis per quoscunque Iudices & Commissarios etiam causarum palatij Apostolici,ac S.R.E. Cardinales in quauis causa. & instantia,sublata eis & eorum cuilibet, &c.* vt sup.
b Ead. Bulla. pag. 241.

Præcipimus in virtute Sancta Obedientiæ, ac sub pœnis excommunicationis lata sententiæ, necnon inhabilitatis ad quauis Officia & Beneficia sæcularia, et quorumais Ordinum Regularium,eo ipso absque alia declaratione incurrendis, quarum absolutionem nobis & successoribus nostris reseruamus, ne quis cuiuscunque status, gradus, & præeminentiæ existat, dicta Societatis Institutum & Constitutiones, vel etiam præsentes, aut quemuis earum vel supradictorum omnium, articulum, vel aliud quid supradicta concernens, quonis disputandi,vel etiam VERITATIS indagandæ,quæsito colore,directe vel indirecte impugnare vel eis contradicere audeat.

bilité à toute sorte d'Offices & Benefices Seculiers & Reguliers de tous Ordres, à encou-
rir de faict & sans aulcune aultre declaration,
contre toute personne de quelque condition
& preéminence qu'elle soit, qui debattra, ou
contredira directement ou indirectement l'Institut & les Constitutions de ceste Societé, ou
quelqu'vn des Articles, sous couleur de dispu-
ter ou mesme de chercher la VERITE': Comme aussi en ce qu'ils attribuent par leurs Institut, Bulles & Constitutions, à leur General, la
Superintendance de toutes les Vniuersitez
qu'ils auront: Ce qui exclud & priue Messieurs
les Cardinaux, Archeuesques & Euesques, du
droict & de la possession qu'ils ont d'estre dire-
cteurs & protecteurs des Vniuersitez, & exem-
pte plusieurs Clercs de leur Iurisdiction.

AVX REIGLES ET PROFESSIONS
des aultres Religieux.

En ce qu'à l'esgard de ceux qui sont dotez, ils
prennēt leurs meilleurs benefices pour les vnir
à leurs Colleges, ainsi qu'il est notoire: Et à l'esgard des autres, ils s'at-
tribuent *a* toutes les
facultez, concessions,
exemptiós, Indulgen-
ces, remissions de pe-
chez

a Bulla, Societatem esse
mendicantem, pag. 115.
*Omnia & singula quæcun-
que & qualiacunque sint,
etiam speciali nota digna*

chez & graces tant spirituelles que temporelles, concedees & à conceder, qu'ont & aurôt à l'aduenir tous Ordres de Religieux & Religieuses Mendiants, pour en ioüyr par eux en tout & par tout, ainsi qu'eux, voire mesme auec autant de droit : Et veulent que *a* tous ceux qui estudieront en leurs Colleges, ou pretenduës Vniuersitez, leur promettent obeissance, & d'obseruer leurs Constitutions : tellement que si quelques Religieux y estudient & prennent les degrez & promotions, comme plusieurs font en l'Vniuersité de Paris, & autres Vniuersitez, ils seront tenus côtre les Reigles de leurs Ordres & leurs professiôs, de promettre obeissance à aultre qu'à leurs Superieurs.   B

priuilegia, exemptiones, facultates, concessiones, indulgentias, peccatorum remissiones, & gratias tam spirituales quam temporales, hactenus per quoscunque Romanos Pôtifices, quibusuis Ordinibus Fratrum & Sororü mendicantiü quocunque nomine nuncupentur, illorumque congregationibus, & aliis piis locis hactenus concessa & in posterum concedenda, eisdem Præposito ac Societati & omnibus illius personis, ita quod possint libere & licite vti, frui, potiri et gaudere in omnibus & per omnia, non solum ad illorum instar, sed pariformiter & æque principaliter, absq̃ vlla prorsus differentia, concedimus.

a Constitut. parte 4. cap. 17. pag. 176. *Omnium Scholasticorum qui Scholas frequentant, nomina scribantur: eorum* promissionem *de Obedientia Rectori præstanda & Constitutionibus obseruandis, admittat.*

A LA IEVNESSE ESTVDIANT
soubs eux.

a Constitut. part. 10. pag. 304. *Talis est Societas Professa, quæ in Collegiis eos instituendos curabit* in perfectione *vitæ, litterisq; Christiano dignis, qui talentum ad id sortiti esse videbũtur: hi enim* pro Seminario *Societati Professæ, & eius Coadiutoribus erunt: Et si cum Collegiis, Vniuersitates etiam cura Societatis commissæ fuerint, obseruato illo modo procedendi, de quo in 4. parte dictum est, ad finem* eundem iuuabunt.

b Constitut. parte 9. cap. 4. pa. 287. *In omnibus præ oculis habendo quod ad maiorem Dei gloriam et vniuersale bonum Societatis fore iudicabitur.*

de laquelle il est parlé, deront à mesme fin; mes, *pour la plus grande gloire de Dieu*, ceux-cy, *& le bien general de la Societé*.

En ce que *a* la Societé professe ne doit auoir soing de faire instruire és Colleges, en perfection de vie & lettres dignes d'vn Chrestien, que ceux qui seront estimez en auoir le talent pour la Societé ; parce que ceux-là seront pour seminaire à la Societé professe, & à ses Coadiuteurs : Et disent que si auec les Colleges, les Vniuersitez sont aussi commises à la Societé, en gardant la façon de proceder, en la 4. partie, elles ayadioustant *b* à ces termes, Ce qui donne à cognoistre certainement qu'ils n'establissent leurs pretenduës Vniuersitez que pour leur interest & profit particulier.

A CEVX QVI ENTRENT EN leur Societé.

En ce *a* qu'ils les peuuent mettre dehors & chaſſer toutesfois & quantes qu'il plaiſt à leur General , ou à leurs Prouinciaux & Recteurs, quand bien ils ſeroient Profés *b* , & de quelque degré & dignité qu'ils ſoient en la Societé , & quoy qu'ils en ayent bien merité, & qu'ils ſoient doüez de pluſieurs dons de Dɪᴇᴠ , pour ayder la Societé au diuin ſeruice; *c* ſans qu'ils puiſſent plus participer aux graces & facultez qui leur auoient eſté accordees ; *d* ſans

a Conſtit. parte 2. cap. 1. pag. 72. *Quamuis cauſas ad* dimiſſionem *dignas eo grauiores eſſe oportet, quo quis arctius Societatis corpori coniunctus eſt*; quantumlibet *tamen* quiſque ſit coniunctus, *in quibuſdam caſibus ſeparari ab ea poſſet & deberet.*

Declarat. pag. ead. *Licet* omnes (*vt in Conſtitutionibus dicitur*) dimitti poſſint; *aly tamen facilius, quã aly dimittentur.*

b Declarat. eiuſd. cap. pag. 74. *Jn quibuſdam caſibus* etiam Profeſſi, *cuiuſcumq̖ gradus & dignitatis in Societate ſint, dimittï poſſunt*; ſi retineri ſine detrimento *illius, ac diuini obſequij non poſſe iudicaretur. Præter ea qua dicta ſunt,* quo magis *alicui Societas* deberet, vel quo pluribus *Dei* donis *ad eandem* in diuino *obſequio iuuandam* prædicus *eſſet, eo maiori cum difficultate eſſet dimittendus.*

c Eiuſd. part. cap. 4. pag. 84. *Communicationem facultatũ, aut* gratiarũ, *qua iis vt Societatis membris conceſſæ fuerant, ſimulatq;membra eſſe deſierint,* côſtat ceſſar̄.

d Declarat.c.3.eiusd.part. pag.82. *Ea quæ ipsius esse constet, difficile non est statuere, vt secum ferat. Verū in iis, quæ vel expendisset vel dedisset Societati vel alioqui, si accidisset, vt ficto animo in Domo vel Collegio ipsius habitasset, prudē̄tiæ Superioris dimittentis relinquetur, vt habita ratione tū æquitatis, tum ædificationis, statuat.*

a Ibid. *Reddere rationem causarum, propter quas aliquis dimittitur, vel non reddere, in cōmuni vel in particulari, magis vel minus conueniet:* prout is qui dimittitur, *in maiore vel minori existimatione, & magis aut minus* domi & foris *charus fuerit.*

b Constitut.part.2.cap.1. pag.73. *Dimittendi facultas penes Præpositum Generalem in omnibus, præterquam si quid ad ipsius personam pertineret. Penes reliquos ex Societate* tantum eis à capite collatum Prouincialibus amplam satis conferri expediet, ac debita proportione etiam Præpositis localibus & Rectoribus, quibus videbitur esse conferenda; vt eo melius in toto Societatis corpore subordinatio sanctæ Obe-

qu'il leur soit rendu aultre chose de ce qu'ils ont apporté à la Societé, que ce que le Superieur, qui les met dehors, trouue bon & raisónable; a sans qu'il leur soit dict aultre cause ne rendu aultre raison de leur expulsion, ou dimission, que celle que le Superieur estime conuenable, selon que celuy qui est chassé a eu de reputation, & a esté plus ou moins cheri & estimé en la maison & dehors. Et b veulent que ce pouuoir d'expulser & renuoyer hors de la Societé depende en tout de leur General; & des aultres de la Societé, pour autant qu'il erit huius facultatis, quantum fuerit : Præpositis tamen leur en aura conferé,& qu'il en donne ample pouuoir aux Prouinciaux , & par proportion aux Prefects & Recteurs , aufquels il luy femblera qu'elle doiue eftre baillee,afin qu'en tout le corps de la Societé la fubordination de la fainte Obedience foit gardee , pour faire plus clairement entendre aux inferieurs qu'ils dependent des Superieurs : Et que *a* combien que par les Lettres patêtes enuoyees par leur General à leurs Prouinciaux, il leur foit donné tres-ample pouuoir, afin que les fubiets les refpectent dauantage, & qu'ils fe rendent plus humbles & fouples, neantmoins par lettres fecrettes, ce pou-

dientiæ feruetur , quo clarius intelligent inferiores *fe à fuis immediate* Superioribus *pendere.*

a Declara.eiufd. cap.1 pag.74.*Quamuis Præpofitus* Generalis, *in* patentibus *Literis ad Præpofitos particulares miffis ampliffimam eis facultatem impertiat, quo magis* fubditi *eofdem uenerentur, et humiliores ac fubmiffiores fe exhibeant,nihilominus tamen per* fecretas literas *hæc poteftas contrahi (prout conuenire videbitur) & limitari poterit.*

Quod ad eos attinet, qui in prima *Probatione & fe*cunda *funt,necdum votis emiffis, facultatem* ad eos dimittendos *habebit quicumque* ad eofdem admittendos *eam habuerit: fi tamen circunftantia aliquæ non id impedirent ; cuiufmodi effet,fi in Domum aut Collegium, ubi manent , à Generali vel Prouinciali Præpofito, vel ab aliquo, cuius habenda fit ratio, deftinati fuiffent; vel fi de*

Societate tam benemeriti *fuiſſent, vt eorum eſſet particularis ratio habenda.*

In his enim , & ſimilibus caſibus dimitti aliquis per quemuis Præpoſitum non deberet, niſi cauſæ admodum vrgentes & graues eſſent: ita ut minime dubitaretur, Superiorum mentem huiuſmodi futuram eſſe.

Erga Profeſſos *minus etiam huiuſmodi facultas inferioribus Præpoſitis eſt communicanda, niſi res ad Præpoſitum Generalem delata, & graui conſideratione expenſa foret, ita vt conuenire ad diuinum obſequium, & commune Societatis bonum huiuſmodi hominem dimitti, videatur.*

uoir ſoit reſtraint & limité, ainſi qu'il ſemblera conuenir.

AV BIEN DES VILLES QVI
les reçoiuent.

a Conſtitut. parte 4. cap. 2. pag. 118. *Ad relinquenda vel alienanda Collegia, aut domos iam admiſſas, Præpoſitus Generalis ſimul cum ipſa Societate poteſtatem habebit.*

b Conſtitut. parte 9. cap. 3. pag. 283. *Si experimento compertum eſſet, grauari magis quam iuuari Societatem, nec Præpoſitus Generalis de remedio proſpiceret, in prima generali So-*

En ce qu'ils ſe donnent *a* pouuoir de quitter ou aliener les Colleges & les Maiſons, où ils ont eſté eſtablis : & diſent que ſi *b,* par l'eſſay il leur apparoiſt que la Societé en eſt pluſtoſt incommodee qu'aydee, & que leur General n'y apporte remede, il ſera loisible à la premiere generale Congrega-tion de la Societé, de deliberer, si telle Mai-son, College, ou Vni-uersité doit estre de-laissee, ou tenuë auec telle charge. Voire mesme *a* les quittant ils en veulent disposer, & de tout le reuenu à eux baillé, s'il n'y a ex-presse reserue au con-traire, faicte par ceux qui les ont fondez.

cietatis congregatione, vtrũ huiusmodi Domum, Colle-gium, vel Vniuersitatem relinqui, an teneri cum tali onere expediat, agi poterit. a Declarat.d.cap. 2. pag. 118. Si ipsa curam quam habebat, reliquerit, pote-runt qui alias hanc aucto-ritatem sibi in fundatione reseruauerint, pro sua de-uotione ad aliud opus ap-plicare id quod sic relictum fuerit. Si verò huiusmodi non intercesserit reserua-tio, poterit procedere Socie-tatis iuxta Institutum.

Cela donne bien à cognoistre que leur inten-tion n'est pas de s'establir pour tousiours és petites villes : & qu'ils ne s'y mettent que pour coupper la source des Vniuersitez qui sont és villes capitales, en attendant qu'ils s'en soient rendus Maistres:le tout afin de paruenir à leur pretendüe Monarchie des sciences & des es-prits.

En ce qu'ils *b* redui-sent leurs pretendües

b Constitut. parte 4. cap. 17. pag. 175. *Sint & duo, vel tres bidelli: vnus, ad facultatis Linguarum; alter, ad Artium; tertius, ad Theologiæ functiones destinatus. In has tres Facultates Vniuersitas diuidetur.*

a Constitut. ead. parte cap. 13. pag. 161. *Medicinæ & Legum studium vt à nostro instituto magis remotum, in Vniuersitatibus Societatis vel non tractabitur, vel saltem ipsa Societas per se id oneris non suscipiet.*

Vniuersitez à trois facultez, l'vne des Langues, l'autre des Arts: & la troisiesme de la Theologie : & a ne veulent pas qu'il y soit traicté de la Medecine ny des Loix (quoy que notoiremét elles soiét des plus necessaires à la vie humaine) à tout le moins que la Societé en soit chargee.

A L'ANTIQVITÉ ET AVX
Commandements de l'Eglise.

En ce que leurs Escholiers, principalement ceux qui sont demeurans en leurs Colleges, non plus qu'eux, n'oyent & n'entendent point de grand'Messe dicte auec Diacre & Soubsdiacre, parce qu'ils n'en disent point en leurs Eglises, ainsi qu'il est notoire à vn chacun : & n'ont point de *b* chœur. Et en ce qu'ils dérogent aux Conciles generaux *c.*

b Constitut. parte 6. cap. 3. pag. 209. *Non vtentur nostri choro, ad Horas canonicas, vel Missas, et alia officia decantanda. c Bulla, cui titulus, ad gradus. pag. 88. Nonobstantibus quibusuis Apostolicis, &c. Conciliis editis generalibus, &c.*

Idem Bulla, cui titulus, *Conseruatoria.* pag. 127.

A LA RESOLVTION DV CLERGE'
de France assemblé à Poissy en 1561. aux Lettres
patentes de nos Roys, & aux Arrests
d'homologation & enregistre-
ment d'icelles, qu'eux-mes-
mes ont poursuiuis.

En ce qu'ils veulent s'attribuer, & le tiltre & le nom, & les droicts des Vniuersitez ; *a le tiltre & le nom*, en qualifiant Vniuersité, chacun des Colleges de leur Societé, pour faire aultant d'Vniuersitez qu'ils ont de Colleges; *les droicts*, en faisant les promotions & baillant les degrez aux Estudiants, mesmes à ceux ausquels les Docteurs des Vniuersitez les auront refusez, *b* en cas que leurs examinateurs les trouuēt capables, comme s'ils estoient leurs Superieurs: d'aultant que par la resolution du Clergé, & par les Lettres paten-

a Constit. parte 4. ca. 11. *De Vniuersitatibus in Societate admittendis.* Cap. 12. *De scientiis quæ tradendæ sunt in Vniuersitatibus Societatis.* Cap. 15. *De cursibus & Gradibus.* Cap. 17. *De Officialibus & ministris Vniuersitatis.*
b Bulla, cui titulus, *Ad gradus.* pag. 85. *Et etiam diuites, si officiales Vniuersitatum eos promouere recusauerint, cum per examinatores vestræ Societatis idonei sint inuenti, ad quoscunque Baccalaureatus, Licentiatura, Magisterij & Doctoratus gradus promouere concedimus.*

tes de nos Roys cy-mentionnees, & par les Arrests d'homologation & enregiſtrement d'icelles, qu'eux-meſmes ont pourſuiuis és Cours de Parlement de ce Royaume, il eſt expreſſément dit qu'ils ne feront aulcune choſe en ſpirituel ne temporel au preiudice des Vniuerſitez. Ils ne peuuent pas faire vn plus grand preiudice aux Vniuerſitez que de faire leurs Colleges Vniuerſitez, & les vouloir eſtablir & mettre és tiltres & droiĉts des Vniuerſitez, ſemblables à celle de Paris & aultres de ce Royaume : voire meſme bailler les degrez à ceux auſquels les Doĉteurs des Vniuerſitez les auront refuſez : Et auoir l'Imprimerie en leurs Colleges, comme ils ont en *a* Poulogne, à Bransberg. Il n'y a marchand Libraire, Imprimeur à Paris, qui ne ſçache le Iugement qui ſur ce a eſté donné à l'encontre d'eux en la Preuoſté de Paris, le 6. d'Octobre 1614.

a Literæ annuæ Societatis Ieſu, anni 1589. tit. Prouincia Polonia, Collegiũ Bransbergenſe. *Pro conduĉta domo, qua conuiĉtores vtebantur, eaque anguſta, vt non caperet amplius ſeptuaginta, ad annos ſeptuaginta data eſt gratis vtenda altera commodior, ducentorum capax* . Typographia *præterea*, Collegio in commodum *perinde vt in ornamentum* acceſſit.

POVR LE DROICT DES VNIVERSI-
tez ioinctes en ceste cause.

Le Roy considerera, s'il luy plaist, auec Nosseigneurs de son Conseil, que les Iesuites, qui sont demandeurs en cassation d'*Arrest*, ne rapportent aulcune raison pour fonder leur demande.

Ils disent qu'il a esté donné par aigreur. C'est ainsi qu'ils recompensent en bonnes paroles & en effect, vn chacun de ceux qui les assistent & supportent d'ordinaire, soit en corps, soit en particulier, en tout ce qu'ils peuuent esperer, & en tout ce qu'ils doiuent desirer, comme il est notoire à tout le môde qu'ils ont tousiours esté au Parlement de Thoulouse. S'il estoit besoin, infinis autres exemples de telle recognoissance & recompense seroient rapportez, venus de leur part és personnes de leurs bienfaicteurs & fauteurs, Rois, Princes, & aultres de toute sorte de qualité, dignité & prééminence, sans mesmes excepter nos SS. PP. les Papes, tesmoin l'histoire de Sixte V. & celle de Clement VIII. touchant la dispute de *Gratia*, & celle du Cardinal Monopoli, de l'ordre des Capucins, estant en ceste dispute de *Gratia*, de l'aduis de nostre Sainct Pere, pour les Iacobins. Aussi ne cottent ils, & ne sçauroient ils articuler ny cotter aulcun faict , encore moins subiet d'aigreur de la part du Parlement de Thoulouse à l'encontre d'eux. Et au contraire les Vniuersitez, toutesfois & quátes qu'il sera necessaire, prouueront & rapporteront plusieurs actes de bienveillance que ceste Societé a receus de ce Parlement.

Dauantage, cet *Arrest* est conforme *à vn aultre* donné au mesme Parlement le 14. de Feb.1561.depuis lequel temps, il y a 60. ans & plus,ils ne s'en font iamais plaints,& ne peuuét se plaindre ; d'autant que c'est la piece par laquelle ils font establis & ont College à Tournon.

Voire mesme l'vn & l'autre de ces *Arrests* font conformes à leur *reception* en ce Royaume faicte par *l'acte* de l'assemblee du Clergé à Poissi , & par les *Arrests* d'enregistrement d'iceluy & aux *Lettres* patentes de nos Rois,mesmes celle de nostre Roy regnant à present , & aux *Arrests* d'homologation & enregistrement d'icelles ; car par ces Lettres patentes, ainsi que par cet Acte & par ces Arrests ils font receus à condition, entre aultres, de ne faire aucune chose,en spirituel ne temporel,au preiudice des Vniuersitez.

Qu'est-ce aultre chose cela, sinon dire comme porte l'*Arrest* dernier de Thoulouse, qu'ils ne pourront prendre tiltre, nom , ny qualité d'Vniuerſité, ny bailler les degrez, comme font les Vniuerſitez. Peuuent-ils donner à aucun de leurs Colleges le nom d'Vniuerſité, & le droiɛt de conferer les degrez ſans preiudicier aux Vniuerſitez ? Peuuent-ils ſe plaindre des defences qui leur en ſont faiɛtes par cet *Arreſt* dernier, ainſi que par les precedents, ſans impugner les aɛtes de leur reception : ſans demeurer d'accord qu'ils ne ſont receus ny approuuez en ce Royaume, ny en poſſeſſion, auec tiltre, du College de Tournon, puis que leur reception, approbation, poſſeſſion & reſtabliſſement ne ſont & ne ſubſiſtent que par ces Lettres patentes, par cet Aɛte du Clergé, & par ces Arreſts. Les meſmes Aɛtes, par les meſmes perſonnes ne peuuent eſtre approuuez pour vne partie & improuuez pour l'autre. N'ayans eſté receus au College de Tournon qu'à ceſte charge de ne preiudicier aux Vniuerſitez, ils ſe ſont departis de tout droiɛt d'Vniuerſité, tellement qu'il ne leur peut plus ſeruir de dire que ce College a eſté fondé à tiltre d'Vniuerſité, veu meſmes qu'ils ne rapportent point la *Bulle* de Paul III. par laquelle ils pretendent telle fondation auoir eſté faiɛte; & que la pretenduë *Bulle* de Iules III. delaquelle ils n'ont que copie, n'a iamais eſté approuuee ny executee par aulcun des moyens ou aɛtes neceſſaires pour l'eſtabliſſement d'vne *a* Bulla Iulij III. 3. eid. Maij. 1552. *Vniuersitatem studij in Latinis & Græcis ac Hebræis & Chaldæis literis, necnon morali & naturali philosophia, ad instar aliarum illarum partium Vniuersitatum erigimus et instituimus.*

Vniuersité : Et dauantage *a* ne donne pouuoir d'enseigner la Theologie à Tournó, ains seulement les lettres Latines, Grecques, Hebraicques & Chaldaiques, & la Philosophie Morale & Physique. Comment peuuent-ils en ce lieu de Tournon bailler des degrez en Theologie, n'ayant pouuoir par leurs pieces mesmes d'y enseigner la Theologie?

Outre ce, les deputez des Vniuersitez ont en main auec les Lettres patentes, aduis du Clergé, & Arrests cy-deuant raportez, *vn Arrest* donné le 9. de Iuin 1584. au Parlement de Paris, sur l'enregistrement des Lettres qu'ils disent auoir obtenües de nostre Roy Henry III. qui porte que les impetrans, qui sont vn pretendu Recteur du College de Tournon, & les Iesuites ne pourront prendre autre qualité que d'*Escholiers du College de Tournon* : tant s'en faut qu'en vertu de ces Lettres & de cet Arrest, les Iesuites puissent auoir les tiltre & droits d'Vniuersité à Tournon. Des Escholiers ne peuuent pas donner les degrez, ny faire les promotions.

Quand aux Lettres de nostre Roy Henry le Grand qu'ils alleguent, elles ne leur peuuent

feruir, tant à caufe que par icelles il ne leur a
efté donné autre droiæ que celuy qu'ils auoiēt
lors:& ils n'en auoient point lors, voire mefme n'en pouuoient auoir,au fubiet des Arrefts
fuf-rapportez : Que parce qu'elles n'ont point
efté enregiftrees en aulcun Parlement.

Pour ce qui eft des *Lettres* du mois de De-
cembre 1622, enregiftrees au Parlement de
Thoulofe le 9. de Mars 1623. la furprife y eft
manifefte : c'eft pourquoy par *Arreft* du mefme Parlement du 19. de Iuillet 1623. les Vniuerfitez de Thoulofe, Valence, & Cahors ont
efté receuës à l'oppofition qu'elles y ont for-
mee,& defences faites fuiuāt leurs fins & con-
clufions aux Iefuites, (eux appellez, & ouys,
comme auffi M. le Procureur general) de
prendre le nom, tiltre, & qualité d'Vniuerfité,
bailler aulcuns degrez , & aucune nomination
aux benefices , fans preiudice à l'vnion du Be-
nefice y mentionné.

La furprife faiæe par ces *Lettres* eft manifefte, en ce que foubs pretexte de faire approuuer l'vnion à leur College de Tournon, du Prieuré de fainæ Sauueur, qui vaut
quatre mil liures par an (ainfi veulent-ils enfeigner *gratis*, & bailler les degrez *gratis*,) ils
font eriger en Vniuerfité leur College de
Tournon , pour y bailler par eux les degrez auec autant de droits, priuileges, & pre-

rogatiues que l'Vniuerſité de Paris, & autres Vniuerſitez de ce Royaume. Ainſi veulent-ils commencer en ce Royaume les Vniuerſitez de leur Societé, ou pluſtoſt leurs vſurpations ſur les Vniuerſitez, par Tournon. N'eſt - ce point parce que ç'a eſté le premier College qu'ils ayent eu en France, auſſi bien que leur retraicte en 1594. contre le feu Roy Henry le Grand, teſmoing les Arreſts donnez au Parlement de Paris le premier d'Octobre 1597. & le 18. d'Aouſt 1598. contre le ſieur de Tournon, à leur ſubiect.

Ceſte ſurpriſe & aultres tendantes à meſme fin (que l'on appelle en termes de Chancellerie, ſubreption & obreption) faictes és aultres Lettres eſquelles ils veulent ſe preualoir, ont dóné ſubiect aux Vniuerſitez de preſenter Requeſte au Conſeil, entant que beſoing ſeroit, afin de reuocation d'icelles. Par Arreſt du Conſeil en date du 13. de Feurier dernier paſſé, des Lettres tendantes à meſme fin obtenuës ſoubs le nom des habitans de Pontoiſe par les Ieſuites, ont eſté reuoquees, auec defences de s'en aider. Il y a pareille raiſon de reuoquer celles-cy, & faire defences de s'en aider. Où il y a pareille raiſon, il y a pareil droit.

Ils diſent qu'ils ne font ceſte pourſuite que pour le ſeul College de Tournon, qu'ils deſirent augmenter ſans tirer à conſequence.

Par

Par leurs Conſtitutions & Bulles cy-deuant rapportees, il ſe void que ce n'eſt point pour vn ſeul de leurs Colleges, ny pour quelques vns, mais pour tous qu'ils ont ce deſſein, & de long-temps, quoy qu'il ne ſoit manifeſté que d'auiourd'huy: Et ſi leurs Conſtitutions en ſont creuës, on ne dira plus les Vniuerſitez du Roy, ny les Vniuerſitez de France, ny l'Vniuerſité de Paris, ny l'Vniuerſité de Thouſouſe, & ainſi des autres ; mais les Vniuerſitez de la Societé. C'eſt leur langage. Pourquoy pluſtoſt pour Tournon, (qui n'eſt qu'vne petite ville, & ville non royale, ains ſeulement ſeigneuriale, où ils n'ont point à preſent cent ou ſix vingts Eſcholiers,) que pour vne autre ville?

C'eſt ainſi que depuis par leur Inſtitut ils ſe font accreus & aggrandis, comme ils ſont. En 1540. ils ont obtenu Bulle de N.S. Pere Paul III. pour eſtre ſeulement 60. perſonnes en leur Societé. En 1543. ils ont practiqué autre Bulle pour eſtre & admettre en leur Societé autant de perſonnes qu'ils voudroient.

En 1550. ils ont obtenu de noſtre Roy Henry II. Lettres portant permiſſion ſeulement de faire baſtir vne Maiſon & College en la Ville de Paris, & non en autre ville de ce Royaume. En 1554. ils ont eu d'autres Lettres du Roy François II. pour ſe faire receuoir &

tenir Maiſons & Colleges à Paris, & aultres villes de ce Royaume.

En 1564. ils ont requis par Requeſte & Declaration qu'ils ont faictes & preſentees à ceſte fin, qu'il leur fut permis de faire des leçons en vn College à Paris, en ſe ſoubſmettant au Recteur & aux loix de l'Vniuerſité. A preſent ils veulent que leur College de Tournon ſoit Vniuerſité, auec aultant de droits, priuileges, & preéminences que l'Vniuerſité de Paris : Et par leurs *Conſtitutions* il appert que leur deſſeing eſt, qu'autant de Colleges qu'ils ont & auront, ſoient aultant d'Vniuerſitez (qu'ils appellent Vniuerſitez de la Societé,) à regir ſous leurs loix particulieres, qui ne ſont, ny approuuees par nos Rois, ny enregiſtrees és Cours de Parlements de ce Royaulme : Et leſquelles qui plus eſt, ils n'ont iuſqu'à preſent oſé communiquer, non plus que leurs *Lettres Annales*; voire meſmes, ont faict tout leur poſſible à ce qu'elles ne fuſſent veuës par aultres que ceux de leur Societé, & à ceſte fin les ont faict imprimer en leur College à Rome, penſants par ce moyē retenir pardeuers eux tous les exemplaires, & empeſcher qu'aulcun ne fut diuulgué.

En Septembre 1603. ils ont obtenu Lettres de noſtre Roy Henry le Grand, pour eſtre reſtablis és villes de Thoulouſe, Bourdeaux, Limoges , Lyon, & Dijon. En Iuillet 1606. ils en ont moyenné d'autres pour refider à Paris, fans enfeigner. En Octobre 1609. ils ont demandé permiffion de faire à Paris vne leçon publique en Theologie, feulement. En Aouft 1610. ils ont pourfuiui des Lettres pour lire publique-mént en toute forte de fciences. Il feroit trop long de rapporter toutes les autres practiques femblables qu'ils ont faictes.

Il fuffit de finir par celle qu'ils ont voulu faire tout recentement en la ville de Troyes, capitale de la Champagne : Ayans recognu que par toutes voyes par eux practiquees , en-core moins du confentement des habitans , ils ne pouuoient auoir ny College , ny Nouiciat, ny Maifon Profeffe , quelques vns d'entr'eux, comme particuliers , ont loüé vne Maifon (qu'ils ont appellee Hofpice ,) penfant par ce moyen gagner peu à peu les Efprits, & apres la Ville, comme ils auroient fait, fi tous les corps de la Ville, tant du Clergé , que autres, ne s'y eftoient oppofez vertueufement , & enuoyé des Deputez vers fa Maiefté, qui a iugé leurs raifons fi bonnes, qu'elle a ordonné que les Ie-fuites fortiroient de cet Hofpice, & porteroiēt les clefs d'iceluy aux Maire & Efcheuins de la ville. A quoy ils n'ont fatisfaict que le plus tard qu'ils ont peu , dilayants de iour à aultre, comme il appert par le procez verbal qui en a esté dreſsé le 22. iour de May 1624. en l'hoſtel de la ville de Troyes.

Ils penſent emporter & faire rëuſſir leur deſſein, en diſant que l'on les incorpore aux Vniuerſitez.

Leurs maximes, ſtatuts, & conſtitutions y ſont contraires, & du tout incompatibles, auſſi bien qu'aux offres qu'ils ont cy-deuant faictes de ſe ſoubſmettre aux Recteurs & loix des Vniuerſitez.

Par leurs Conſtitutions ils ne peuuent auoir aultres Recteurs que ceux que *a* leur General a eſleus, ou en tout cas, confirmez. Les Recteurs des Vniuerſitez ſont eſleus par des plus habiles hommes d'icelles.

Ils ne veulent *b* en leurs pretenduës Vniuerſitez que trois Facultez; l'vne des Langues; l'autre des Arts; & la troiſieſme de la Theologie. Les Vniuerſitez ont quatre Facultez, les Arts, la Medecine, le Droict,

a Conſtitut. parte 4. cap. 17. pag. 173. *Cura Vniuerſalis vel* ſuperintendentia *et gubernatio Vniuerſitatis penes Rectorem erit. Eius electio ad Præpoſitum Generalem, vel alium, cui ille id commiſerit (cuinſmodi eſſet Prouincialis vel Viſitator) ſpectabit:* confirma*tio vero, ſemper erit* Generalis.

b Ibid. pag. 174. *Sint duo, vel tres Bidelli: vnus, ad Facultatis* linguarum; *alter, ad* Artium; *tertius, ad* Theologiæ *functiones deſinatus. In has tres facultates* Vniuerſitas *diuidetur.*

& la Theologie.

Ils veulent auoir és Vniuerſitez *a* vn Sindic general qui aduertiſſe leur General, tant des perſonnes que des choſes, deſquelles bon luy ſemblera ; & vn Collateral, & des Cõſeillers;& que tant *b* le Collateral, que le Sindic, que les Conſeillers, eſcriuent à leur General vne fois par chacun an,& deux fois à leur Prouincial qui donnera aduis à leur

a Ibid.pag.176.*Erit Syndicus* vnus *generalis , qui tam de perſonis , quam de* rebus, de quibus videbitur, *Reƈorem & Præpoſitum* Generalem *admoneat.*

b Ibid.pag.177. *Et Collateralis et Syndicus, et Conſiliarij de ipſo , & de alijs, ſcribent* ſemel *ſingulis annis Præpoſito* Generali, *et bis Prouinciali, qui* Generalem *(ſi quid oportuerit) admoneat.*

c Declarat.pag.ead.*Mittantur huiuſmodi* literæ eo *modo obſignatæ, vt* nullus ſciat *quid alius ſcripſerit.*

General de ce qui ſera neceſſaire ; & que *c* les Lettres ſoient tellement cachetez , qu'aucun ne ſache ce que l'autre aura eſcrit. Les Vniuerſitez n'ont point de tels officiers:& ne dependent que du Roy & de ſes Magiſtrats & Iuges.

Par leurs Declarations baillees en 1564. ils ſont Reguliers. Les Vniuerſitez ſont Seculieres. Ils ont ſtipulé par le Contraƈ qu'ils ont faiƈ auec les habitans de la ville de Sens, qu'ils n'auroiét point de colleges de Seculiers. Comment veulent-ils s'incorporer auec ceux qu'ils reiettent? Ils ne veulent que les Seculiers ayent

College en mesme ville qu'eux : Et ils veulent qu'ils leur accordent droict d'Vniuersité & les incorporent. Ce que l'on ne veut receuoir, il ne le fault faire à aultruy. C'est vne des principales regles de droict diuin & humain.

a Bulla, cui titulus, *Ad gradus*, pag. 85. *Etiam diuites (si officiales Vninersitatum eos promouere recusauerint) cum per* Examinatores Societatis, *idonei sint inuĕti,* ad quoscunque *Baccalaureatus, Licentiaturæ, Magisterij, & Doctoratus* gradus, *promouere concedimus.*

Il s'attribuent pouuoir de bailler *a* les degrez à ceux qui auront esté refusez par les Vniuersitez, si ceux d'entre eux qu'ils appellent Examinateurs, les trouuent capables. Le moyen d'incorporer ceux qui veulent estre Superieurs, & auoir plus de pouuoir que le corps auquel ils demandent estre incorporez. Donner les degrez aux Escholiers ausquels les Docteurs des Vniuersitez les auront refusez, n'est-ce pas vouloir estre Superieurs des Vniuersitez, s'attribuer plus de pouuoir que les Vniuersitez ? N'est ce pas vouloir faire en vne mesme ville deux Vniuersitez contraires l'vne à l'autre : vne Vniuersité dans l'Vniuersité, & de la diuision par consequence indubitable ?

Pour ce qui est de l'incompatibilité de leurs Doctrine & Maximes auec celles des Vniuersitez, touchant les sacrees personnes des Roys

& Princes, leurs fubiects & Eftats, & autres matieres, elle n'eft que trop notoire & publique par les Liures que les plus celebres d'entre-eux ont faict imprimer auec approbation de leur General, ou aultre de leurs Superieurs, ayant de luy charge expreffe. Les Vniuerfitez prefentent au Roy les Extraicts de douze de ces Liures : Ils en pourroient rapporter de plufieurs aultres : tous lefquels font bien veoir la verité & l'accompliffement du dire de plufieurs Prelats de l'Eglife, lors que cefte Societé eft apparuë; & de l'aduis, ou pour mieux parler, de la prophetie faicte en la Sorbonne en 1554.

Quand ils ont voulu faire pareille entreprife contre l'Vniuerfité de Louuain, non feulement elle s'y eft oppofee; mais auffi les Eftats de Brabant : Et fur leur oppofition les Archiducs ont faict defenfes aux Iefuites de faire les promotions, & conferer les degrez. Les Actes & Iugemens en font imprimez, comme auffi vn Bref de N. S. P. Clement VIII. portant mandement à eux de fe defifter de cefte entreprife, & de n'enfeigner que les fciences à eux permifes par l'Vniuerfité de Louuain.

De mefme eft-il aduenu pour l'Vniuerfité de Padouë. Le decret du Senat de Venife dés l'annee 1591. eft en lumiere, auec l'Harangue faicte fur ce, par vn des Deputez de l'Vniuerfité de Padouë. Encores à present ils n'ont en toute l'Italie que trois grands Colleges, assauoir, à Rome, à Naples, & à Milan.

Et en l'annee 1623. pour subiect non dissemblable à celuy-cy, le Roy d'Espagne par l'Edict qu'il a faict pour la reformation du gouuernement de son Royaume, a ordonné en faueur de ses Vniuersitez, qu'il ne pourroit plus estre faict ny estably de College qu'és Villes où il a des Officiers qu'il appelle *Corrigidores*.

Par leurs Annales il se veoit qu'ils ont beaucoup plus de Colleges en France qu'en Espagne; & qu'en Espagne ils ne sont pas principalement employez à enseigner, encore moins receus à faire des Vniuersitez de leurs Colleges. Pourquoy en leurs lettres Annales de 1589. imprimees en leur College de Rome en 1591.

a Annuæ literæ Societatis Iesu anni 1589. tit. Prouincia Castellana. Collegium Burgense. pag. 337. *Burgis quoque in componendis inimicitiis nostrorum opera fructuose desudauit. Hac enim præcipuum in Hispania curriculum industria.*

il est escrit *a* que ce qu'ils font principalement en Espagne est d'accorder les inimitiez des particuliers qui les y veulent employer.

S'il ne plaist au Roy d'ordonner (comme les Vniuersitez en supplient sa Majesté) qu'à l'aduenir és Colleges des Villes où il n'y a Vniuersité, l'on ne pourra establir plus de trois classes pour enseigner les

Lettres humaines seulement ; & que ceux qui voudront faire leur cours en Philosophie, & apprendre les autres sciences, se retireront aux Vniuersitez, & ne pourront obtenir leurs degrez que des Docteurs d'icelle; il peut estre asseuré que sa Majesté verra dans peu de temps, au lieu de 12. Vniuersitez, qui sont en 12. Villes capitales de son Royaume, autant d'Vniuersitez de Reguliers, qu'il y a de Villes, soient grandes, soient petites : car non seulement les Iesuites ne perdent point d'occasion de faire des Colleges, (ausquels ils veulent attribuer les tiltres & droits des Vniuersitez) mais aussi les Bernabites, les Prestres de l'Oratoire: Et les autres Religieux en voudrôt aultant faire à l'imitation de ceux-cy. Ils y ont pareil droit. Ils n'attendent que l'occasion de se preualoir de leur exemple : Tellement qu'il y aura plusieurs Vniuersitez en l'Vniuersité, qu'il n'y aura pas vne seule Vniuersité en chacune Ville, mais plusieurs Vniuersitez, sçauoir est, celle de la Societé des Iesuites, celle des Bernabites, celle des Prestres de l'Oratoire, & autres : dont ne s'ensuiura pas seulement la desolation & dissipation des Vniuersitez, auec parties des Villes capitales, esquelles elles consistent & subsistent: mais l'aneantissement de la milice, de la marchandise, de l'agriculture, sans lesquelles nul Estat ne peut estre conserué ny maintenu.

Peut-estre que ceux de ceste Societé pensans eluder la force de ces raisons, offriront de renoncer à leurs Constitutions, Bulles, & Statuts; mais ils y renonceront ainsi qu'ils ont cy-deuant faict, combien qu'ils ne soient receus qu'à ceste charge & condition, comme nous apprenons par *l'Acte* du Clergé assemblé à Poissy, & par les *Arrests* d'enregistrement d'iceluy, qu'eux mesmes ont poursuiuis és Parlemens. Ils entretiendront leur parole, comme ils executent les charges & conditions, soubs lesquelles le feu Roy les a restablis, entre lesquelles est celle-cy de ne rien entreprendre sur les Vniuersitez: Ils s'y soubsmettront, comme il est notoire qu'ils se soubsmettent à la Iurisdiction de Messieurs les Euesques, & aux Recteurs & Loix des Vniuersitez.

a Defences de ceux du College de Clermont, imprimees à Paris en 1594. pag. 8. *La 3. raison est, que lesdits defendeurs se sont offerts & offrent de faire toutes les submissions requises au Roy tres-Chrestiē Henry IV. à present regnant, et le recognoistre pour leur Roy & Prince naturel & legitime, & desirent estre ses loyaux & fidels subiects.*

En 1594. au mois d'Aoust *a* par les defences qu'ils fournirent contre la demande des Recteur & Vniuersité de Paris, sous le nom de Pierre *Barni*, en qualité de Prestre, Procureur des Prestres Regens & Escoliers du College de Clermont, ils promirent d'obeir au Roy,

& le recognoiſtre pour leur Roy & Prince naturel & legitime: & pour derniere raiſon dirent qu'ils offroient, comme ils auoient touſiours offert, de ſe ſoubſmettre és Loix & Statuts de l'Vniuerſité, garder l'ordre & diſcipline d'icelle, & obeïr au Recteur, lequel, ils ſupplioient bien inſtamment les y receuoir. Par *a* leurs Lettres de la meſme annee 1594. & 1595. imprimez à Naples en 1604. ils font trióphe de ce que leurs Eſcoliers, entre aultres vn ieune enfãt, ſeló qu'ils leur auoient enſeigné, ne voulurẽt obeir, au Roy ny prier pour la proſperité de ſa Majeſté. S'ils en ſont creus, ils triompherõt à preſent, non ſeulement de l'Vniuerſité de Paris, mais de toutes les aultres Vniuerſitez de ce Royaume. Voila l'aſſeurance qu'il y a en leurs paroles, promeſſes, offres, & ſoubſmiſ-

a Literæ Societatis Ieſu duorum annorum 1594. & 1595. ad Patres & Fratres eiuſdem Societatis, editæ Superiorum permiſſu, Neapoli, apud Tarquin Longum 1604. pag. 255. *Poſtero & ſequentibus diebus adoleſcentulos gymnaſium noſtrum frequentantes indignis modis diuexabant, ni fauſtam Regi fortunam precarentur: Sed mira conſtantia puerorum fuit, cum ab ijs nihil aliud extorquerent, niſi quod vnum ipſis docueramus, debere vnumquemque Regem ſuum reuereri; ſed quis legitimus ſit Rex, Romani Pontificis eſſe declarare. Puerum ac pene infantem audiuimus ab ijs elatum in ſublime, iuſſumque Regi bene comprecari, alioqui ſe in ſubiectum ignem con-*

iecturos , intrepido animo respondisse, malle se incendio absumi, quam Regem vllum agnoscere , quem summi Pontificis non probasset authoritas.

sions. Il n'y a que le seul interest & profit de la Societé qui les asseure & arreste.

Il n'y a pas plus de verité ny d'arrest és offres qu'ils font maintenant de conferer les degrez , & faire les promotions *gratis*. C'est vn estrange *gratis* : Ils se font payer par aduance : Ils n'entrent point en des Colleges , qu'ils ne soient bien rentez par les habitans, desquels les enfants sont par eux enseignez : Et outre ce reuenu ordinaire, ils sçauent tres-bien la pratique d'y faire venir & vnir des benefices, dõt ils reçoiuent plus de reuenu par chacun an, qu'il n'en est donné en dix , aux Docteurs & Regents des Vniuersitez : Voire mesme, de receuoir par an pour chacune de leurs Classes, par le moyen de ce qu'ils font payer aux Escoliers pour les toiles, & les balets à nettoyer les classes , puis qu'il n'est receu par aulcune classe des autres Colleges. Les contracts de leurs reuenus, & les Actes de leurs vnions de benefices à leurs Colleges, sont en si grand nombre, qu'ils ne les peuuent plus cacher & latiter. Ils font vœu de pauureté , mais les Vniuersitez, aussi biẽ que plusieuss Religieux, par le moyen de leurs entremises & entreprises en ont & souffrent l'effect. Leurs Colleges en plusieurs

lieux, sont des Palais & Maisons de Roys &
Princes, tant en reuenus, qu'en beautez. Tou-
resfois. & quantes qu'il aura esté donné aux
Docteurs & Regents des Vniuersitez, pareils
reuenus, ils enseigneront *gratis*, & donneront
les degrez *gratis*, ainsi que les Iesuites se van-
tent de faire, contre ce mesme qui est porté par
leurs Constitutions. *a*

Qu'ils soient plus
habiles, ou que leur
science soit plus ex-
quise, & meilleure que
celle des autres, il ne se
peut dire sans plus de
vanité, que de verité.
Ils auront tousiours
bien de la peine d'en
nommer de leur So-
cieté, plus habiles &
plus sçauants, que plu-
sieurs de ceux qui ont
esté, & de ceux qui sót
à present és Vniuersi-
tez. Les nommants,
d'autres seront nom-
mez par les Vniuersi-
tez, qui les vaudront
bien pour le moins.
Ignace Loyola *b*, leur

a Constitut. part. 4. c. 6.
pag. 169. *Et nonnisi admo-*
dum exigui sumptus (licet
voluntarij sint) externis
permittántur.
b Nicol. Orlandinus So-
cietatis Iesu sacerdos lib.
1. Historiæ eiusdem Societatis pag. 17. *Socijs relictis*
Salmanticæ, quos ad se po-
stea, si status rerum patere-
tur, accerseret, anno sæculi
eius octauo et vicesimo, Lu-
tetiam Februario mense per-
uenit. Hic animaduertens
adhuc in studijs se non re-
cta via deductum, sed præ-
propere ad altiora subue-
ctum, perque compendia
magis vagatum, quam
progressum; & multa dum
simul complectitur, tetigisse
potius quam tenuisse;
cum is esset qui rerum vel-
let absolutionem & corpus,

non initia & vmbras, sta-
tuit de integro tum cum
proxime videbatur ad la-
boris metas accessisse, ad
carceres sese referre. Igitur,
vt Latinam linguam per-
poliret, inter pueros in
Montisacuti collegio sede-
bat auditor.

General, a si bien recognu que l'Vniuersité de Paris estoit remplie de sçauans & tresdoctes hommes, qu'il a quitté (ainsi qu'il est escrit en l'histoire de sa Societé composee par Nicolas Orlandin l'vn d'icelle, & imprimee à Rome en 1615.) ses compagnons pour venir estudier à Paris, & y estant a recommencé ses estudes tout de nouueau, recognoissant qu'en Espagne il auoit esté tres-mal enseigné, & n'auoit rien appris qui vallut,

Les plus doctes hommes qu'ils ayent eus, sont ceux qui ont esté les premiers en leur Societé, & qui l'ont composee. Ceux là n'auoient point estudié en leurs Colleges, mais bien aux Vniuersitez. Depuis qu'ils se sont meslez d'enseigner, ils n'en ont point eu de pareils, encore moins qui les ayent surpassez : Bref, à le bien rechercher, il se trouuera que si depuisque leur Societé a paru iusques à present, ils ont eu quelques hommes de sçauoir & de pieté, ils n'ont esté faits de leur main & instruction, ains de celle des Vniuersitez.

Il est vray que soubs pretexte de l'administration des choses sacrees, la pluspart d'en-tr'eux sont venus à vne telle presomption &

deſir de dominer, qu'ils s'eſtiment ſeuls ſçauants, pieux, vertueux, & ſeuls capables d'inſtruire & enſeigner les autres. Ils publient,ils eſcriuent que tous les *Seculiers Docteurs & Regents* n'enſeignent que par maniere d'acquit, ou pour paſſer leur temps, ou remplir leurs bourſes,ce ſont les propres termes de l'aduertiſſement qu'ils ont fait faire en la cauſe de Ponthoiſe:Mais c'eſt auec pareille verité qu'ils ſouſtiennent leur pretenduë poſſeſſion de bailler les degrez à Tournon, meſmes en Theologie, eſtre iuſte; comme ſi vne poſſeſſion, qui eſt contraire aux tiltres, eſtoit iuſte. Les tiltres qu'ils apportent,ſont; *Copie* d'vne Bulle de Iule III. qui porte ſeulement faculté d'enſeigner les lettres Latines,Grecques, Hebraïques, & Chaldaïques, & la Philoſophie Morale,& Phyſique, *Arreſt* du Parlement de Thoulouſe de 1560. qui homologue les Lettres & donation par eux obtenuë du College de Tournon, aux charges & conditions portees par l'aduis du Clergé aſſemblé à Poiſſy, entre leſquelles eſt celle-cy,de ne rien faire au preiudice des Vniuerſitez. *Les Lettres* de noſtre Roy, qui a reſtrainct leur pouuoir aux charges & conditions des Lettres de leur reſtabliſſement faict à Tournon , & autres Villes en 1603.entre leſquelles eſt ſemblablement celle-cy, de n'entreprendre rien au preiudice des

Vniuerſitez. Auec pareille verité, Iuſtice n'eſt
Iuſtice, ſi elle n'eſt à leur gré; teſmoing *l'Ar-*
reſt du Parlement de Thoulouſe, qu'ils appellent,
aigreur, par leur Inuentaire de production au
Conſeil; teſmoings les paroles atroces qu'ils
ont fait eſcrire contre le *Parlement de Paris* en
la cauſe de Ponthoiſe, leſquelles les Deputez
des Vniuerſitez ne veulent icy eſtre rappor-
tées, pour leur faire veoir & à vn chacun, que
ſüiuant le commandement de Dɪᴇᴠ ils veulent pardonner à leurs ennemis. Auec pareille verité, Catholiques ne ſont Catholiques,
s'ils ne ſont à leur mode: ſi ce ſont *Preſtres* ſe-
culiers qui ne les ſuiuént, ils les qualifient
ſchiſmatiques, teſmoing la Declaration & Requeſte preſentee à noſtre S. PereClemétVIII.
par les Preſtres ſecu-
liers d'Angleterre , *a*

*a Declaratio motuum ac
turbationum quæ ex con-
trouerſiis inter* Ieſuitas, *yſque in omnibus fauentem D.
Gregorium Blackuellum Archipresbyterum, & Sacerdotes ſeminariorum in Anglia ab obitu illuſtriſſ. Car-
dinalis Alani ad annum vſque* 1601. *ad S. D. N. Cle-
mentem VIII. exhibita* ab ipſis Sacerdotibus, *qui
ſchiſmatis aliorumque criminum ſunt inſimulati. Edita
Rhotomagi apud Iac. Molæum ſub ſigno Phœnicis.* 1601.
Pag.23. *P. Robertus* Parſonus *Ieſuita, præcipuus author
omnium noſtrarum perturbationum domi foriſque. Is
quidem cum circiter biennium in Anglia ante octodecim
annos fuiſſet, ita agendo* Principis & Magiſtratum animos *commouit, vt eatum* primum occaſione, *grauiſſi-
mæ*

mæ in Sacerdotes *& receptores eorum* capitales leges *ſtatuerentur. Sed ipſe ignauus miles, ſaluti ſuæ quam primum conſuluit.* Deſertor *tamen* caſtrorum DEI effectus, atque in tuto poſitus, nunquam exinde deſtitit, aut libellis contra primarios reipublicæ Magiſtratus, aut literis factioſis irritare temporalem Regni ſtatum. Multæ enim interceptæ eius literæ ad ſuos in Anglia ſcripta, Regni inuaſiones per externum militem promittunt & pertractant. Pag.30. Ieſuitæ ſibi ipſis comparare ſuperioritatem per ſuffragia diffidentes, & Epiſcopalem dignitatem, vt ſua concupiſæ exiſtimationis ac ſplendoris obfuſcationem auerſantes, ad dominium comparandum, alienæ perſonæ larua vtendum putant. Quamobrem aliquis ex-noſtris Sacerdotibus, per omnia Jeſuitis obſequentiſſimus, nobis in hoc negotio aduerſarius, ſedula P. Parſoni opera ad gradum infimæ alicuius Prælaturæ erat promouendus. Per hunc enim & ſe auertere à iugo Epiſcoporum, & facile dominari in toto Clero poſſe ſperabant. Pag.36. Inobedientes atque adeo ſchiſmaticos nos eſſe vbique proclamant. Pag.37. Adeo quidem vt multo nobis grauior eſſet perſecutio quam contra nos excitarunt patres Ieſuitæ & Archipresbyter, quam quæ à communis hoſtis inſidiis nobis quotidie imminerot.

dont *a* Monſieur le Cardinal du Perron eſtant à Rome a parlé à ſa Saincteté, & eſcrit à noſtre Roy Henry le Grand en 1605. Si ce ſont Laics, qui ne veillent s'aſſubiectir & *a* Liure 3. des Ambaſſades & negotiations imprimees à Paris chez Ant. Eſtienne en 1623. pag. 403. *Ie luy communiquay auſſi ſur le propos des affaires d'Angleterre, d'eſteindre la diuiſion qui eſt entre les Catholiques An*-

D

glois, *les vns obeïſſants à l'Archipreſtre gouuerné par* les Ieſuites, *& les autres appellants de la puiſſance, mal adminiſtree dudit Archipreſtre.——— l'eſtimant vtile non ſeulement pour le bien de l'Egliſe, mais encore pour le ſeruice de voſtre Majeſté; d'autant que le parti des* Ieſuites *en ce pays là, depend de Parſonius, , & autres inſtrumens de la faction d'Eſpagne.*

a Roſuueydus diſſertat. de fide hæret. ſeruanda. Edit. Antuerpiæ 1610. pa. 170. *Nequidquam ringĕtibus hæreticis, frendentib. ſemichriſtianis, oblatrantibus Regüs (quæ noua nunc ſecta) Catholicis.*
b Reſponſe du Roy aux Remonſtrances faites par M. le premier Preſident du Harlay en 1603. pag. 546. du Recueil de pluſieurs memoires d'Eſtat, imprimé en 1623. *Vous ne dictes pas que ces iours paſſez les* Ieſuites *ont ſouſtenu que le Pape ne pouuoit errer, mais pouuoit faillir.*

s'aſſeruir à ce qu'ils diſent, ils ſont demy-Chreſtiens, Catholiques Royaux, comme dit *a* Roſuueydus l'vn de ceſte Societé: Voire meſme, s'il y a quelqu'vn de nos SS. Peres, qui ne facent ce qu'ils deſirent, ils ſouſtiennent qu'il peut faillir, teſmoin noſtre S. Pere Clement VIII. pendant le ſiege duquel *b* ils ont dit & ſouſtenu que le Pape ne pouuoit errer, mais clemēt pouuoit faillir.

Apres auoir conſideré ce que deſſus la Iuſtice de noſtre Roy (ainſi que les Deputez des Vniuerſitez aſſeurez ſur icelle, oſent ſe perſuader) fera voir & recognoiſtre à tout le monde par ſon Iugement & Arreſt, que

c'eſt auec'iuſte ſubieƈt, par vne ſinguliere pre-
uoyance,& non point par vne vaine deffiance,
ny par terreur panique que noſtre Sainƈt Pere
Paul III. en l'annee 1540.a ordonné qu'en ceſte Societé ne pourroit entrer plus de 60. perſonnes ; Que noſtre Roy Henry II. a dit par
ſes Lettres patentes de 1550. que ceux de ceſte
Societé baſtiroient ſeulement vne maiſon en
la ville de Paris , & non és aultres villes de
ce Royaume; Que Meſſieurs les gens du Roy
au Parlement de Paris, Seguier, Marillac, Bruſ-
lart, du Meſnil, Boucherat, Bourdin, Marion,
de la Gueſle, Seruin, de Belieure , ont conclud
par pluſieurs fois contre ceſte Societé, les vns
à ce qu'elle ne fut receuë, les autres à ce qu'il ne
fut permis de tenir des Colleges & faire des leçons publiques ne priuees ; Que les Doƈteurs
de la Faculté de Theologie de Paris aſſemblez
à la Sorbonne en 1554. ont eſté d'aduis que ceſte Societé tendoit pluſtoſt à deſtruire qu'à
edifier; Que Meſſieurs les Prelats, Cardinaux,
Archeueſques, & Eueſques, & aultres du Clergé de France; n'ont eſté d'aduis de les receuoir
que ſous pluſieurs conditions & charges portees par l'Aƈte qui en a eſté faiƈt en leur aſſem-
blee tenuë à Poiſſy en 1561. Que les Parlemens
ne les ont receus, & particulierement le Parlement de Thoulouſe n'a enregiſtré ny auƈtori-
ſé par ſon Arreſt du 14. Feburier 1561. la dona-

tion à eux faicte du College de Tournon, qu'à
ces mesmes charges & conditions ; Que nostre Roy Henry le Grand ne les a restablis en
1603. que soubs ces mesmes charges, & autres
declarees par ses Lettres patentes : Que les
Lettres qu'ils ont de nostre Roy regnant à
present, porte clause qui les oblige à obseruer
les regles & conditions portees par les Lettres
de 1603. Que c'est par necessité de se defendre, & non point par aulcune animosité ny vaine apprehension, que l'Vniuersité de Paris s'est
tousiours & de temps en temps opposee aux
permissions par eux demandees de faire des leçons : Et qu'à present il est encore plus necessaire à toutes les Vniuersitez de Fráce de s'op-
poser à l'vsurpation qu'ils veulent faire des ti-
tres, droits & priuileges des Vniuersitez ; comme elles s'y opposent, non tant pour l'interest
de leurs Docteurs & Professeurs, (ne leur re-
stant plus que les seuls anciens ornemens, sans
aultre recompense d'honneur ny de commo-
ditez) que pour le seruice qu'ils doiuent à l'E-
glise, au Roy, & à leur Patrie.

C'est povrqvoy les Recteurs, Doyens,
Procureurs & Supposts des Vniuersitez de
France persistent en leurs Conclusions, à ce
qu'il plaise au Roy, faisant droit sur la cassation
d'Arrest demandee par les Iesuites, & sur les
Requestes & demandes incidemment faictes

par les Vniuerſitez, declarer les Ieſuites non
receuables, quoy que ce ſoit mal fondez en la
caſſation par eux requiſe de l'Arreſt donné au
Parlement de Thoulouſe le 19. de Iuillet 1623.
Et reuoquer toutes Lettres que les Ieſuites
peuuent auoir obtenuës pour s'attribuer le
nom, tiltre, qualité, droits & priuileges des V-
niuerſitez, auec defenſes aux Ieſuites de s'en
aider ; Et à eux & tous autres Religieux de
pourſuiure à l'aduenir l'eſtabliſſement d'aulcun College : Et qu'en ceux qu'ils ont és Villes, où il n'y a Vniuerſitez, ils ne pourront d'o-
reſnauant faire plus de trois Claſſes, pour les
langues Latine & Grecque ſeulement.

Ces conclvsions leur eſtants adiü-
gees, ils auront d'autant plus de moyens de
ſeruir l'Egliſe, le Roy, & leur Patrie, & ſeront
d'aultant plus obligez de prier Dieu, comme
ils font profeſſion de le prier touſiours, en tout
euenement, qu'il plaiſe à ſa diuine Bonté &
Majeſté de vouloir donner à noſtre Roy apres
la Couronne de France & de Nauarre, la Couronne de Iuſtice incorruptible, & pour ſe con-
ſeruer l'vne & obtenir l'autre, la Couronne de
Sageſſe, & la Couronne de vieilleſſe auec force pour ſe preſeruer de la Couronne d'orgueil
& d'arrogance.

D iij

Mr LE CARDINAL D'OSSAT
A Mr DE VILLEROY.

Lettre 1. du Liure 9.

QVand aux declamations qu'on dit auoir esté faictes au College des Iesvites de Dole, ie m'en esmerueille bien fort, & ne sçay qu'en croire. Lors mesme que ie vous ay escrit auec plus de diligence pour la restitution des IESVITES en France, ie vous ay protesté que ie ne fus iamais enamouré d'eux, & que ce que i'en faisois estoit pour l'opinion que i'auois qu'oultre le bien qu'ils pourroient apporter à la Religion Catholique, & aux lettres & sciences, leur rappel donneroit contentement au Pape, & bon nom & reputation au ROY. Maintenant apres auoir consideré plusieurs choses que i'ay leuës & ouïes d'eux, ie vous declare que ie ne veux plus me mesler de leur faict, & que ie m'en remets vne fois pour toutes à ce que sa Maiesté & son Conseil iugeront estre pour le mieux.

BENEDICTVS ARIAS MONTANVS
Hispalensis in commentatione de varia
Hebraicorum librorum scriptione
& lectione, edita Antuerp. apud
Plantin. 1583.

HVius (Pagnini) diligentiam nos imi-
tati, quam à nemine hactenus do-
ctorum & candidorum virorum improbari
audiuimus, præter vnum Eroſtratum, qui
Theologorum suæ ætatis & superioris fere
omnium laboribus obtrectare, atque Pagnino
inprimis aperte bellum indicere, summæ ſibi,
vt exiſtimo, laudi fore ſperauit. Is quoniam
Pagninum viuum habere non potuit, noſtrum
pro omnibus aliis nomen proſcindendum ſuſ-
cepit, nactus fortaſſis opportunitatem in
quorumdam animis & conſiliis, qui cum
ſoli ſapere, ſoli bene viuere IESVMQVE pro-
pius inſequi & comitari ſibi videantur, atq;
id palam profeſſi iactitent, me, qui minimum
atque adeo inutilem IESV CHRISTI

discipulum ago, odio habuerunt gratis. Atq;
hi, quod neminem, qui alias bene audiat,
palam improbare audent, aliorum quos ad
eam rem occulte inducere possunt, ingeniis
& nominibus abutuntur. Horum autem
nec artes fallunt, nec gregem prodere aut co-
gnomen indicare iuuat. V tuntur illi quidem
magno & inaccessibili ad suas agendas res
mysterio, sed quod facile iis qui simplicius
apertiusque agere volunt, pelluceat: quodque
non post multos annos tandem ape-
riendum est virtute illius, qui illumina-
bit abscondita cordis, & occulta tene-
brarum; tunc laus erit vnicuique secun-
dum opera sua.